Reclutamento e selezione

Per non specialisti e giovani alle prime armi

L'autore

Nato nel 1951 a Cernusco sul Naviglio (MI), laureato in scienze politiche all'Università di Pavia. Ha ricoperto posizioni manageriali in area risorse umane in grandi aziende multinazionali, tutte molto note, come Peugeot Italia e Ikea Italia. Questi opuscoli sulle risorse umane Sono liberamente tratti da testi americani, integrati con l'esperienza di vita professionale. Il risultato è un testo leggero, adatto ai giovani che vogliono inserirsi nel settore delle risorse umane e hanno bisogno di informazioni, scritte come le racconterebbe un amico dopo qualche settimana di lavoro in una nuova azienda.

Questo opuscolo

Nasce da una libera estrapolazione da testi di cultura anglosassone, a cui ho aggiunto elementi tratti dall'esperienza sul campo. Il reclutamento e la selezione del personale, con consigli pratici per i candidati.

Introduzione

Il reclutamento e la selezione sono due tra i principali processi di ogni situazione di business, forse addirittura i più importanti. Spesso questi processi vengono portati avanti senza una sufficiente preparazione, perché i manager pensano di sapere quale tipo di persona vogliono e di avere il sesto senso per trovarla. Ma questo è un modo molto approssimativo di portare avanti un processo così importante, un modo addirittura pericoloso, non fosse altro che per gli alti costi dell'errore. Invece, se vi prendete a cuore e studiate cosa occorre fare per reclutare e selezionare in modo professionale, farete una cosa molto saggia, che certamente vi ripagherà in futuro.

In questo libretto scoprirete un'ampia casistica di tecniche di reclutamento e selezione che vi aiuteranno a padroneggiare questi processi, e scoprirete qual è il miglior metodo di selezione per la vostra azienda. Scoprirete cosa c'è dietro a una campagna di reclutamento di successo, e imparerete a padroneggiare il colloquio di selezione. In altre parole imparerete a trovare proprio le persone giuste, cioè quelle che voi volete.

Approccio al reclutamento

Il reclutamento e la selezione sono due processi chiave di qualsiasi business, perché sono il mezzo con cui l'organizzazione acquisisce il suo più prezioso asset, il personale. Quando questi processi vengono portati avanti in modo approssimativo si possono creare pericoli. Quando vengono portati avanti con professionalità possono essere un grande investimento. Ecco alcune considerazioni su come approcciare il processo di reclutamento.

Lo scopo del reclutamento

Lo scopo principale del reclutamento è di mettere in contatto con il vostro team qualcuno che sappia fare il lavoro con gli standard di prestazione richiesti dall'azienda. Ci sono però altri aspetti del reclutamento:

- ✓ Deve essere efficace dal punto di vista dei costi;
- ✓ Deve tenere presenti i bisogni futuri oltre gli attuali;
- ✓ Il reclutamento coinvolge l'immagine pubblica dell'azienda.

Pari opportunità

Se avete attenzione alla diversità, se la considerate un valore, vedrete che un atteggiamento aperto attrarrà un più ampio spettro di candidati, vi aiuterà a trattenere i talenti, renderà più facile creare ottimi gruppi di lavoro. Essere aperti alla diversità non è solo una scelta etica, ma un buon affare. Un simile tipo di politica parte dal top management con affermazioni come questa: "Siamo un datore di lavoro che favorisce le pari opportunità".

Lo scopo di una politica di questo tipo è di fare in modo che tutti i candidati abbiano le stesse possibilità e ricevano lo stesso trattamento, indipendentemente da sesso, colore, razza, nazionalità, età, convinzioni politiche o religiose. I criteri di selezione devono essere impostati per favorire i candidati in possesso di meriti, abilità, capacità, professionalità. Perciò cercate di attuare una politica basata sull'affermazione indicata prima, supportata da adeguate procedure e sistemi di verifica, piani di comunicazione e programmi di formazione coerenti.

E' quello che lascia ai manager ampia discrezionalità nel reclutare. Quasi sempre ai manager piace conoscere i candidati, piace scoprire aspetti della loro vita e le loro storie personali, piace sapere che genere di dipendenti diventeranno, e pisce immaginare che la relazione reciproca che nascerà porterà benefici a entrambe le parti, azienda e candidati. Questo, dopo tutto, è anche il modo con cui scegliamo i nostri amici. Tuttavia nelle organizzazioni questo metodo non è sufficiente, perché dobbiamo essere certi di evitare errori e favoritismi. Un grande imprenditore nel settore dell'alta tecnologia parla così del suo approccio al reclutamento: "In questo momento c'è una forte domanda del mercato, perciò siamo sempre alla ricerca di talenti. Tendiamo l'orecchio e cerchiamo di capire chi ha intenzione di muoversi. Non c'è niente di sbagliato nel prendere persona talentuose da altre imprese. Nella maggior parte dei casi contattiamo le persone direttamente. Se dobbiamo usare un annuncio cerchiamo di essere chiari il più possibile e di capire in fretta che risposte ci sono. Siamo anche pronti a rivedere la descrizione della posizione per adattarla a chi troviamo nel concreto. Tutti devono essere flessibili. Non usiamo metodi di selezione standardizzati. Cerchiamo di capire se la persona che troviamo può inserirsi nel team. La maggior parte del processo consiste nel trovare una persona che ci piace, e deve essere così".

Approccio sistematico

E' un tipo di approccio diametralmente opposto a quello personalizzato, in cui le persone vengono assunte se piacciono a chi decide. Nell'approccio sistematico c'è una procedura per ogni fase del processo, dalla job analisys alla specifica delle caratteristiche della persona, dalla campagna di reclutamento alla definizione della short list dei candidati, dalla selezione all'offerta. Si può dire che questo approccio tenta di tenere fuori dal processo i pregiudizi umani, per focalizzarsi il più possibile sui requisiti del job e della persona. Con questa modalità le procedure di reclutamento sono tutte basate su procedure. C'è una procedura per il reclutamento, una per fare le job descritption, per intervistare e per selezionare. Nessuno è autorizzato a reclutare se non ha fatto specifici corsi di formazione. Un comitato sovraintende ai processi. Ogni passaggio, ogni azione, persino ciò che bisogna dire nell'intervista è soggetto a valutazione del comitato. Non c'è spazio per i pregiudizi o per favoritismi. Il sistema determina da solo qual è il candidato giusto da assumere. Una simile organizzazione può rendere conto delle ragioni che hanno portato alla scelta di un candidato anziché un altro anche a distanza di anni.

Le organizzazioni sono sistemi dinamici basati su ciò che le persone sentono le une nei confronti delle altre. Cercate di capire questo e mettetelo con buon senso nel vostro approccio al reclutamento. Il processo che è al centro sia del reclutamento che della selezione è sempre il riflesso dei tempi. L'uso della moderna tecnologia può ridurre i costi, velocizzare i processi amministrativi,e persino guidare le decisioni di selezione. Nello stesso tempo il ruolo del reclutatore è diventato multifunzionale, andando dal pianificatore di risorse umane al definitore di posizioni organizzative, dall'esperto legale allo psicologo, fino al negoziatore.

Pesare i costi e benefici

I benefici di un buon processo di reclutamento sono sempre dilazionati nel tempo, e derivano dall'aver assunto le persone giuste per l'organizzazione. I costi invece sono visibili subito e possono anche essere molto alti. Ci sono i costi diretti del reclutamento e i costi futuri di aver commesso gravi errori. Questi ultimi possono consistere in scarse prestazioni, nei costi di un nuovo processo di reclutamento, e nei costi di eventuali azioni legali.

La favola del pavone e della gazza

Gli uccelli della foresta si erano dati un appuntamento per eleggere il nuovo re. Un certo numero di candidati si erano fatti avanti per promuovere la loro candidatura, ma il candidato favorito era senza dubbio il pavone. Egli si pavoneggiava davanti ai presenti sfoggiando la lunga coda di piume colorate,e tutti erano affascinati da quel bellissimo spettacolo. Quando gli uccelli stavano quasi per eleggerlo re la gazza disse: "un momento !" "se tu diventassi il nuovo re come ci difenderesti dagli attacchi degli uccelli della montagna come le aquile e gli avvoltoi ?" Ci fu un lungo silenzio perché il pavone non sapeva cosa rispondere. I presenti ci ripensarono e decisero di non eleggerlo più come loro re.

Quindi nella scelta fra i sistemi di reclutamento non scegliete il più bello, ma il più pratico e che risponde alle vostre esigenze concrete.

Punti chiave del capitolo

✓ Lo scopo del reclutamento è di trovare qualcuno che sappia fare il lavoro secondo gli standard richiesti;
✓ Attenzione alle discriminazioni; nel reclutare bisogna tenere in

considerazione solo gli aspetti della professionalità;

✓ Il reclutamento presenta aspetti che riguardano l'immagine pubblica dell'azienda;

✓ Ai due estremi di una continuum c'è il reclutamento personalizzato e quello molto strutturato;

✓ I costi del reclutamento sbagliato possono essere alti come i benefici di un corretto reclutamento.

Il processo di reclutamento e di selezione può essere gravemente compromesso se non teniamo gli occhi aperti su come vengono scelte le persone che sono in grado di fare il lavoro. Quando discriminiamo le persone perché guardiamo "chi sono" noi restringiamo drasticamente la possibilità di scelta e quindi danneggiamo il business. L'unica discriminazione ammessa è fra chi sa fare il lavoro e chi non lo sa fare. I concetti esposti in questa parte del libro fanno parte della cultura americana, ma anche in Italia esiste il divieto di discriminare. Per essere più precisi esiste una norma che impone di tenere conto, in fase di selezione, dei soli requisiti di natura professionale, vietando espressamente altri tipi di indagine sui candidati. La discriminazione avviene quando in qualche modo favoriamo le persone che appartengono a un gruppo sociale, perché connotato, per noi, di caratteristiche positive. Oppure la discriminazione per motivi religiosi, politiche, razziali, ecc. La discriminazione non favorisce il business, perché è illogica, basata sulla paura, ed è moralmente inaccettabile. Le evidenze dimostrano che le aziende che osservano principi di equità e pari opportunità sono più attraenti nei confronti dei migliori *talenti di quelle che si comportano diversamente.*

Nella realtà italiana, tradizionalmente, l'uomo provvede ai bisogni economici della famiglia e la donna si dedica alla casa e alla cura dei figli. Ma questo stereotipo è cambiato negli ultimi anni ed è destinato a cambiare sempre più. La legge tutela le donne fin dalla fase del reclutamento, vietando, ad esempio, di fare annunci dove sia evidente il riferimento al genere.

Discriminazioni razziali

Dal punto di vista della responsabilità sociale e dell'etica del lavoro la multiculturalità è sempre più considerata una ricchezza. Tuttavia è innegabile che sul piano pratico la situazione è ben lontana dall'equità. La tutela della Legge italiana in questo campo è generica, ed è ferma ad affermazioni di principio.

Discriminazioni per disabilità

Su questo punto la tutela della legge italiana è specifica, prevedendo anche un diritto all'assunzione a certe condizioni, e di converso l'obbligo per le imprese di assumere persone con disabilità in una data percentuale rispetto alla popolazione aziendale senza disabilità.

Discriminazione per età

Si va dal giovanilismo di certe grandi imprese multinazionali, dove il giovanilismo appare un valore, alla chiara discriminazione dei giovani con la precarietà del lavoro. La legge italiana non prevede tutele né specifiche né generiche, *anzi, la normativa del lavoro e la congiuntura economica favoriscono la precarietà.*

Misure attive e passive

Quando l'organizzazione è costretta a confrontarsi con le leggi anti discriminazione, spesso adotta provvedimenti più di forma che di sostanza, cioè fa il minimo necessario. L'approccio attivo d'altra parte comporta di identificare le barriere discriminanti e rimuoverle, stabilire obiettivi e monitorarli, e attuare azioni positive. Nel reclutamento, muoversi con azioni positive significa apprestare tutte le condizioni affinché l'accesso alla selezione non trovi ostacoli di alcuna natura, e questo non è mai facile.

Cose da fare sempre: approntare una procedura scritta per il reclutamento, mettere a disposizione il training necessario, inserire sempre lo stesso team nel seguire il processo, fare le stesse domande a tutti i candidati, tenere nota dell'iter di reclutamento/selezione di ciascun candidato. Cose da non fare mai: non modificare il processo mentre si sta svolgendo, non fare domande troppo personali, non cambiate i criteri per farvi rientrare un candidato, non prendere in considerazione ciò che già sapete di un candidato.

Quando avete creato una policy sull'uguale trattamento è necessario monitorare il funzionamento. Nel reclutamento ciò significa che ogni tanto dovete valutare cosa state facendo , rivedere gli obiettivi, e ancora monitorare. Per fare ciò dovete raccogliere dai candidati, e identificare azioni appropriate per raggiungere i vostri obiettivi di equità.

Le parole di Gene Griessman (libera traduzione) sulla diversità: "Io credo che la diversità sia nell'ordine naturale delle cose, naturale come i trilioni di fiori in primavera o trilioni di foglie che cadono in autunno. Io credo che la diversità porti nuove soluzioni in un ambiente costantemente in cambiamento, e che la mancanza di diversità non è interessante ma è limitante. Cercate il meglio negli altri, solo questo !"

Punti chiave del capitolo

1) Quando traete delle conclusioni da vostri pregiudizi riguardo a gruppi di persone   e   generalizzate   state discriminando.

2) *La discriminazione è illogica, illegale, moralmente inaccettabile, e danneggia il business.*

3) *Le azioni positive tendono a mettere gli appartenenti a gruppi svantaggiati in condizioni di parità.*

4) *Il processo di reclutamento deve essere progettato in modo che non dia adito a discriminazioni.*

5) *La diversità può favorire nuove soluzioni in un mondo in cambiamento.*

Politiche e procedure

Pochi processi organizzativi sono incerti come quello del reclutamento e della selezione. Per questa ragione dovreste avere una policy scritta a cui tutti possano fare riferimento. Ecco alcuni punti importanti per portare avanti con successo il processo di reclutamento.

Politica di reclutamento

Una policy scritta assicura che tutti coloro che si occupano di reclutamento in azienda lavorino verso gli stessi obiettivi, usando le stesse procedure, e valutando i risultati con gli stessi criteri.

Chi, che cosa, perché

Sia che la vostra politica di reclutamento sia scritta o no, essa deve rispondere alle domande del titolo.

Chi ? dovete tenere conto di chi lavora sul reclutamento, ad esempio un vostro specialista, oppure un manager di linea, oppure un'agenzia esterna. Potete anche usare un gruppo di lavoro. Spendete una *mezza giornata di lavoro con questi soggetti per decidere chi chiamare ! Che cosa ? Fate una lista delle vostre priorità di reclutamento, per essere efficienti. Perché ? reclutiamo regolarmente o solo quando ci serve qualcuno ?*

Gli step del reclutamento

✔ *Rivedere giornalmente le posizioni vacanti*
✔ *Prendere la decisione di reclutare*
✔ *Redigere la job description*
✔ *Redigere i dettagli della persona da reclutare*
✔ *Pubblicizzare la ricerca*
✔ *Gestire le risposte*
✔ *Fare la scrematura e la short list*
✔ *Intervistare*
✔ *Fare la selezione*
✔ *Verificare le referenze*
✔ *Assumere*
✔ *Gestire l'inserimento*

Se volete gestire bene il reclutamento dovete definire i vostri obiettivi, mettere a punti i vostri metodi, e fare di tutto un review periodico. Dovete avere un buon sistema di amministrazione del reclutamento, dovete decidere qual è il miglior modo per reclutare.

Ecco alcune semplici regole:

- ✓ Affidate a una persona specifica la responsabilità del reclutamento
- ✓ Aprite un file per ogni posizione vacante; eventualmente usare sistemi software
- ✓ Stabilite le scadenze di ogni fase del reclutamento
- ✓ Tenete informate le persone chiave del processo
- ✓ Fate un review della lista dei candidati regolarmente

Un punto chiave delle vostre procedure di reclutamento è il modo con cui valutate i candidati. La valutazione può essere una questione di feeling personale o qualcosa di più strutturato. Più spesso di quanto si possa credere entrambi i metodi possono coesistere nella medesima organizzazione. L'intervista faccia a faccia è uno dei metodi più usati, nonostante si sappia che è un metodo poco affidabile, specialmente per predire il potenziale di sviluppo futuro. Altri metodi come i biodati, gli assessment centres, i test e la grafologia possono solo dare indicazioni poco scientifiche. La verità è che non c'è un metodo d'acciaio che possa garantire la selezione del miglior candidato , quello che rapidamente diventerà la star dei giovani talenti. In ogni processo di selezione c' ampio spazio per elementi aleatori e di intuizione.

I dati su una persona, detti anche biodati, costituiscono il cuore del fare un buon processo di selezione. Per esempio, quando cerchiamo persone che diano in grado di essere o diventare eccellenti uomini di vendite, possiamo guardare nell'organizzazione per scoprire le caratteristiche che possiedono i più validi uomini, o donne, di vendita, cioè quelli che sono considerati i migliori. Facciamo una lista di queste caratteristiche e cerchiamole nei candidati. Diamo a ogni fattore un peso, perché può darsi ad esempio che l'entusiasmo sia più importante dell' esperienza, oppure dell'età. Questo approccio assicura che l'organizzazione è concentrata su persone con caratteristiche simili.

E' da sempre lo strumento di gran lunga più utilizzato perla selezione del personale. Tuttavia le ricerche hanno dimostrato che è un mezzo dalle capacità predittive molto povere. Ciò in quanto tutti i selezionatori sono fortemente influenzati dal fatto che il candidato gli piace o meno. Infatti noi tutti possiamo essere colpiti da aspetti che non servono a nulla nella professione, ma attengono ad esempio alla simpatia del candidato. Per funzionare bene le interviste devono essere strutturare e porre il focus su ciò che serve per il lavoro da svolgere.

Assessement centres

Sono un insieme di tecniche e strumenti messi insieme in una mezza giornata o giornata intera di valutazione di gruppo. Una sorta di meeting di candidati, diciamo una decina alla volta, nel corso del quale si fanno interviste, discussioni, si somministrano test e questionari. L'assessment deve essere accuratamente organizzato e dovrebbe comprendere una simulazione di un problema di lavoro e una discussione senza leader. I valutatori in genere sono tre o quattro che poi si confrontano per decidere, e la pratica dimostra che hanno un elevato livello di successo. Sono usati principalmente nelle grani organizzazioni.

Esperienze pratiche

E' il caso di un'azienda che ricercava un senior manager, ed erano in corsa due candidati eccellenti. Per sceglierli fu chiesto loro di passare un'intera giornata su reali problemi manageriali, lavorando fianco a fianco con i manager dell'azienda. Furono testati cinque skills fondamentali:

✓ Uno stile di leadership persuasivi e non coercitivo;

✓ Un alto livello di energia;

✓ La capacità di agire attraverso le persone;

✓ La capacità di astrazione;

✓ Un'eccellente capacità di presentazione.

Emerse subito che il primo candidato faceva troppe pressioni, creando un elevato livello di stress, per avere le informazioni. Il secondo candidato rivelò tratti che non erano stati notati nelle interviste, e fu scelto.

Il modo migliore di selezionare

Una ricerca americana ha mostrato quali tecniche di selezione sono migliori nel prevedere la performance futura,e questi sono i risultati in ordine di efficacia:

✓ Una prova di lavoro, un report scritto, una presentazione

- ✓ Un test sulle skills
- ✓ Assessment center
- ✓ Biodati
- ✓ Referenze
- ✓ Interviste
- ✓ Risultati accademici

Punti chiave

- ✓ Una policy sul reclutamento deve indicare chi, dove, quando, e in che modo reclutare
- ✓ Il processo di reclutamento consiste di diversi steps, dall'identificazione di una vacancy, alla copertura dlla stessa
- ✓ Il sistema di reclutamento deve essere per quanto possibile facile da usare
- ✓ Non c'è un metodo d'acciaio per garnatire l'efficacia della selezione
- ✓ L'intervista è il metodo più usato per selezionare ma non è il più efficace

Concetti basilari

Tutti i buoni progetti poggiano su buone basi. Come nel caso degli edifici, che devono poggiare su solide fondamenta. Nel caso del processo di reclutamento e selezione bisogna stabilire che cosa bisogna fare e quali skills deve possedere la persona che ha in carico il processo. E' per questa ragione che è necessaria un'accurata job analisys and description, e l'elenco delle caratteristiche della persona che cerchiamo.

L'intervista di uscita

Ogni persona che lascia una posizione sia per prenderne una diversa nella stessa organizzazione, sia per essere assunto altrove, dovrebbe ricevere un'intervista di uscita. E' una buona occasione per capire il perché abbiamo una persona che lascia, se il lavoro è lo stesso che conosciamo o se è cambiato, e anche per ringraziare la persona per il lavoro fatto.

Abbiamo una posizione vacante ?

Quando qualcuno lascia l'azienda chiedetevi se serve realmente di sostituirlo; non fate delle deduzioni automatiche, perché potreste sbagliare. Ci dovrebbe essere una sorta di presunzione *di inutilità del sostituire qualcuno che se ne va, è molto più saggio cercare le alternative, che potrebbero esser le seguenti:*

- ✓ *Non fate nulla; potreste riorganizzare o introdurre nuove tecnologie labour saving*
- ✓ *Riallocate i compiti su altre persone nel team*
- ✓ *Decidete di assumere ma a un differente livello*
- ✓ *Usate i trasferimenti interni, o le promozioni interne*

Insomma, decidete di assumere solo se non ci sono alternative, e inoltre ricordate ! In caso di dubbio non assumete !

La job analysis

E' la fase preliminare alla job description; potremmo dire che per descrivere un tipo di lavoro è necessario analizzarlo e comprenderlo nei dettagli. La job analisys comporta di esaminare le responsabilità di una posizione, oltre ai compiti specifici. Per effettuare una job analiyis occorre spirito di osservazione per registrare le risposte fornite dal detentore della posizione e dal suo capo.

La job description

È una descrizione delle responsabilità e dei compiti che spettano a una persona che ricopre una determinata posizione. Queste responsabilità e compiti possono essere osservati sul campo o concordati con le persone. La job description può riportare anche altre informazioni come le relazioni di lavoro o lo scopo della posizione. Le responsabilità possono anche essere pesate. Insomma tutto ciò che serve a capire bene i contenuti del lavoro. Una job description ben fatta e completa è *essenziale per stabilire le specifiche della persona da selezionare.*

Le specifiche della persona

Questa è una descrizione della persona che abbiamo intenzione di assumere. Non descrive una particolare persona, ma le caratteristiche della persona che può fare bene il lavoro. Ecco alcuni step per descrivere le caratteristiche di una persona da assumere:

✓ *Decidete quali attributi deve avere la persona per fare il lavoro, ad esempio esperienza, skills, qualifiche; usate un paino strutturato che copra tutte le aree*

✓ *Scrivete queste caratteristiche trovando un modo di stabilire parametri di verifica, in termini specifici e misurabili.*

Competenze strategiche (Core skills)

Alcuni autori americani individuano le seguenti nove competenze di importanza strategica, e come tali essenziali per definire il tipo di persona da assumere per l'inserimento in percorsi di sviluppo:

1. Chiara precisa e strutturata capacità di comunicazione scritta;
2. Comunicazione orale logica, chiara e ben espressa;
3. Una leadership naturale;
4. Buona capacità di stare in gruppo, di condividere idee, e di chiedere aiuto al gruppo quando occorre;
5. Organizzatore e pianificatore razionale;
6. Pensiero flessibile, decisore determinato;
7. Forte motivazione, entusiasmo, ambizione;
8. Fiducia in se stesso, resistente alle pressioni, voglia di apprendere;

9. *Veloce a capire argomenti verbali e numerici, abile ad analizzare informazioni.*

Fate attenzione a chiedere solo le qualifiche strettamente necessarie, senza confondere le qualifiche (gli studi) con le skills (le abilità a fare qualcosa), e senza confondere queste ultime con il lavoro (il lavoro fatto). Non parlate di periodo minimo di esperienza perché le persone apprendono in modo diverso. Chiedetevi sempre se ciò che state per chiedere è intelligente, rilevante, necessario per il lavoro. Se non lo è non chiedete. Chiedete cose verificabili e misurabili evitando locuzioni come "sa come fare a …". E' molto meglio chiedere di descrivere "come ha fatto a …"

| Piloti da combattimento |

Nella seconda guerra mondiale un team di psicologi fu incaricato di aumentare l'efficacia della selezione dei piloti della Regia Aviazione Britannica. Quando chiesero quali erano le qualità richieste a un pilota da combattimento gli fu risposto che dovevano "osare", essere coraggiosi e veloci di pensiero. Gli psicologi si resero conto che ciò non era di aiuto nel processo di selezione. Tutti noi sappiamo osare e pensare velocemente se ci sforziamo. Invece il team di psicologi scrisse una dettagliata job analysis e un elenco di compiti che permettevano di raggiungere un'elevata performance. Ciò comprendeva una conoscenza dettagliata degli Spitfires, una grande abilità nel leggere le mappe, e la capacità di seguire alla lettera le istruzioni.

Intelligente e rilevante

Non richiedete qualifiche che non servono realmente per fare il lavoro o desiderabili per fare un buon lavoro. Non mettete sullo stesso piano le qualifiche e le skills. Non confinate voi stessi a richiedere un'esperienza di lavoro se cercate una skill, perché potrebbe essere stata acquisita al di fuori del lavoro. Non ragionate in termini di un tempo minimo di esperienza perché tutti noi apprendiamo a una diversa velocità. Richiedere circa tre anni di esperienza è meglio che richiedere un minimo di tre anni di esperienza.

La priorità dei criteri

I criteri per selezionare una persona possono avere un peso diverso dall'altro, che dovete stabilire, in due modi:

1. Potete dare un peso a ciascun criterio per poi fare lo score;
2. Potete dare una definizione come "essenziale" o "desiderabile; se manca

un elemento essenziale la persona non può essere assunta.

1. Una buona intervista di uscita vi può dare aggiornamenti su come il lavoro per cui state cercando una persona è cambiato;
2. La job description dovrebbe indicare sia i compiti che le responsabilità;
3. Le specifiche della persona è lo strumento più importante di selezione perché elenca le caratteristiche che una persona deve avere per ricoprire la posizione;
4. Le specifiche della persona dovrebbero comprendere esperienze, skills, conoscenze;
5. Dovrebbero essere costruite su elementi facilmente misurabili;

6. *Ogni elemento delle specifiche dovrebbe essere o pesato o definito come essenziale o desiderabile.*

La posizione vacante

Fare un annuncio per una posizione vacante richiede di bilanciare l'esigenza di verità e trasparenza nel presentare le caratteristiche del lavoro, e l'esigenza di attirare l'attenzione di coloro che potrebbero, essere interessati. Significa che l'annuncio deve essere sia accurato che accattivante. Per fare ciò dovete usare le migliori tecniche di marketing e di pubblicità.

Ci sono alcune questioni da considerare prima di partire con il marketing della pozione vacante:

✓ Dove sono le persone con le skills di cui ho bisogno ?
✓ Come posso contattarle ?
✓ Quanto mi costa ?

Potete pubblcizzare la ricerca sia all'interno che all'esterno dell'organizzazione. La ricerca interna incluse segnalazioni dei dipendenti, annunci su bacheche, newsletters, e-mail. Le ricerche esterne includono il passa parola, agenzie e annunci sulla stampa.

Interna o esterna

Il vantaggio di reclutare all'interno è quello della velocità, del basso costo, e dell'affidabilità. Voi conoscete le vostre persone meglio che non gli esterni. Il reclutamento interno può inoltre dare spazio allo sviluppo dei dipendenti. La ricerca esterna d'altra parte consente d introdurre nuova linfa.

Una best practice

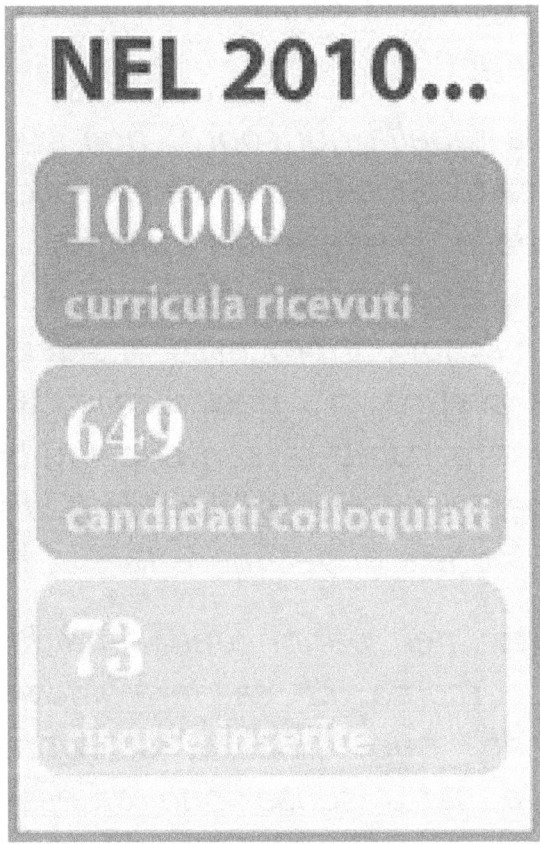

NEL 2010...

10.000
curricula ricevuti

649
candidati colloquiati

73
risorse inserite

Questa parte del'opuscolo nasce dall'esperienza professionale dell'autore, una esperienza bellissima fatta in una altrettanto bella azienda. Tuttavia mi sono divertito a criticare certi atteggiamenti *manageriali riscontrati dal vivo, che dipendono più dalle caratteristiche dei singoli che dalle decisioni di politica delle risorse umane.*

Notate la tabella qui sopra; non si riferisce a una realtà specifica, ma è semplicemente una tabella pescata da google; però si riferisce certamente a qualche azienda bellissima, dove il processo di selezione ha l'effetto pratico di decimare i candidati. Immaginate come si sentono importanti i selezionatori di questa azienda bellissima ! hanno il potere di decimare !

Mi metto nei panni dei candidati: nel vostro percorso di carriera incontrerete certamente questi tipi di selezionatori e avrete la netta sensazione di essere più intelligenti di loro.

Attenzione ! raramente la sensazione corrisponde alla realtà ! Loro sono più intelligenti ! infatti assumono uno su dieci, e scelgono quello cui quoziente di intelligenza si avvicina vagamente al loro !

Ci vuole un sogno per creare un'idea commerciale di successo, e ci vogliono persone per trasformare il sogno in realtà. Noi investiamo nelle nostre persone e diamo a loro le opportunità e la responsabilità di apprendere e crescere. Facendo questo noi costruiamo una lunga strada per assicurare il futuro dell'azienda. Il nostro successo dipende dall'avere collaboratori preparati e motivati.

Ogni azienda è unica e contraddistinta dalla propria cultura. Normalmente i managers di un'azienda sono convinti di essere i più belli e i più bravi sul mercato, perciò per essere assunti vi sottoporranno a decine di colloqui. Non sorprendetevi di questo; avviene quasi sempre specialmente nelle multinazionali, e alla fine del processo viene assunto il candidato che ha saputo entrare in sintonia con la struttura manageriale, e naturalmente dimostrato di avere competenza specifica. Un elemento in particolare è molto apprezzato dalle aziende, ed è la sensazione che dà il candidato di essere felice di lavorare molto, e di rinunciare volentieri al proprio tempo libero in funzione della carriera.

Attrarre i collaboratori

Attrarre le persone giuste ci aiuterà a fare business e a raggiungere i nostri profitti. Un forte employer brand prima di tutto incoraggerà i candidati ideali a cercare lavoro presso la nostra azienda. Mostrerà a tutti che siamo un datore di lavoro dinamico che capisce i bisogni dei moderni collaboratori professionalizzati. Una volta che i candidati hanno concentrato il loro interesse sulla nostra azienda, il reclutamento attraverso i valori insieme con la valutazione delle competenze ci *aiuterà a selezionare quelli che sono più adatti per la nostra azienda. Un forte posizionamento del brand sul mercato del lavoro accorcerà i tempi del recruiting, e la qualità dei candidati lo farà in definitiva diventare meno costoso. Se siamo capaci di attrarre le persone giuste che condividono i valori aziendali, ciò avrà benefici effetti sulla motivazione, e in ultima analisi sul successo dell'azienda.*

Date un occhio all'employer brand, è probabile che capirete cosa vuole l'azienda dai candidati, perché è di tutta evidenza che guardando il brand di Esselunga o quello di Valentino si provano sensazioni differenti. In ogni caso è ovvio che l'azienda cerca i candidati giusti per fare profitto. Date un occhio ai valori aziendali e cercate di capire se li condividete, almeno in parte li dovete condividere, se no non provateci perché in caso di assunzione starete male in azienda. Serve dire che dovete avere le competenze giuste ? Certo questo è importante, ma non è la cosa più importante. Se ci pensate bene e fate mente locale alle vostre esperienze probabilmente constaterete che i rapporti di lavoro si rompono quasi sempre su disaccordi valoriali.

Employer branding

Significa il come l'azienda si presenta sul mercato del lavoro, come datore di lavoro potenziale. Ogni azienda deve focalizzare la propria attenzione non solo sul branding esterno, ma anche su quello interno. Un forte branding interno avrà benefici effetti sul turnover, che sarà più basso, e renderà i collaboratori orgogliosi di lavorare per l'azienda. In tal modo diventeranno facilmente ambasciatori verso l'esterno a daranno il loro contributo ad attrarre le persone giuste. Se focalizziamo i nostri sforzi sull'aumentare e mantenere il nostro appeal nei confronti dei collaboratori attuali e futuri riusciremo più facilmente a colmare i nostri bisogni di reclutamento. Per raggiungere risultati dobbiamo lavorare sull'employer branding in modo assiduo e continuativo. Il costruire e mantenere un forte brand richiede il coordinamento di diverse attività e di diversi reparti dell'organizzazione.

L'azienda cerca di dare un'immagine di sé attraente, cerca di rendere le persone orgogliose di lavorare per la propria organizzazione. Mantenere un accattivante employer brand richiede sforzi coordinati di tutte le strutture aziendali, perciò se vi trovate nella veste del candidato vi conviene raccogliere informazioni trasversali, se ne avete la possibilità, allo scopo di capire se l'azienda predica in un certo modo ed è coerente nei comportamenti.

Iniziate con il creare un'immagine della vostra azienda sul vostro mercato di riferimento, pensando ad alcuni aspetti: Il brand commerciale della vostra azienda, i valori aziendali e la cultura, e ciò da solo vi darà un vantaggio rendendovi unici. Definite che genere di persone state cercando in termini di valori, attitudini, cultura, esperienze. Cercate di capire cosa vogliono gli appartenenti ai gruppi che avete individuato – i loro bisogni e valori – e cercate di scoprire la situazione della domanda e offerta sul mercato del lavoro. Formate un'offerta che incontri i bisogni degli appartenenti ai componenti dei gruppi individuati e coerente con i valori aziendali, ciò vi permetterà di distinguervi dai concorrenti sul mercato del lavoro; Comunicate ai componenti dei gruppi nel loro ambiente. Chi sono ? dove e come vedranno i vostri messaggi ? Su internet, sui giornali, con il passa parola ? Cercate un modo originale di veicolare il messaggio e aggiustate costantemente le vostre attività attraverso un processo di dare e ricevere feedback.

Come vedete si possono capire molte cose esaminando il modo di comunicare di un'azienda, perché nulla è lasciato al caso, o almeno non nelle grandi organizzazioni. Per le piccole organizzazioni, invece, bisogna lavorare sulla reputazione d'impresa, che è quasi sempre figlia del comportamento degli imprenditori che ne detengono il capitale. Purtroppo su questo punto ci sono molte note stonate e dolenti. I piccoli imprenditori badano poco alla reputazione come datore di lavoro. Hanno la mentalità di chi deve solo aspettare che i talenti bussino alla propria porta, ma oggi ciò non avviene. Questi imprenditori dovrebbero prendere atto che un buon professional ha quasi sempre a disposizione più di un'alternativa, e sceglieranno di andare a lavorare presso l'imprenditore dotato di intelligenza nella gestione del personale. Ciò vale per le grandi aziende di successo, ma anche per le piccole, per le quali non si tratterà di puntare sul brand, ma sulla reputazione di impresa seria e orientata ai collaboratori.

Il processo di recruiting

Il processo di reclutamento può essere interno ed esterno. Con il reclutamento esterno ci poniamo l'obiettivo di trovare persone con il potenziale per crescere con l'azienda. Con il processo interno usiamo il processo di reclutamento per far crescere i collaboratori. Il processo di reclutamento di nuovi collaboratori deve essere uno sforzo congiunto della funzione che si occupa di risorse umane e della linea manageriale. Il reclutamento strategico inizia con il posizionare chiaramente l'azienda sul mercato locale come detto in *precedenza. Dovrà inoltre riflettere gli obiettivi del business plan e in ogni caso assicurare il piano di successione. Quando la linea manageriale comunica al dipartimento Risorse Umane che una posizione è vacante, il profilo della posizione vacante dovrà essere pubblicato sui mezzi interni di diffusione delle informazioni, come le bacheche e intranet. L'annuncio interno dovrà essere esposto per un periodo sufficientemente lungo da consentire a tutti di prenderne visione, dopodiché, se nessun collaboratore si candida, potrà essere reso pubblico all'esterno,ad esempio attraverso internet o altri canali. Se avete urgenza potete rendere noto l'annuncio internamente ed esternamente nello stesso tempo. Il rendersi conto che ci sono diverse posizioni disponibili incoraggia i collaboratori a intraprendere nuove sfide e a prendersi la responsabilità del proprio sviluppo.*

Tenete conto che è normale che ad un solo annuncio rispondano centinaia di candidati, inoltre vi troverete quasi certamente in concorrenza con i candidati interni. La probabilità di essere chiamati dipende da fattori quali la corrispondenza del profilo, la tempestività dell'invio, la fortuna.

Il sistema di e-recruiting

Sia nel caso di annuncio interno che di annuncio esterno deve essere usato un adeguato sistema di recruiting on line. Questo tipo di strumento supporta e accelera il processo di recruiting strategico consentendo ai recruiters le seguenti azioni:

✓ accedere facilmente a tutti i curricula da un data base on line;
✓ gestire il processo di definizione dei requisiti dei candidati;

- ✓ identificare facilmente i candidati qualificati;
- ✓ organizzare i candidati qualificati in folders;
- ✓ consentire lo scambio interattivo delle valutazioni con la linea manageriale;
- ✓ utilizzare dati standardizzati per la ricerca on line;
- ✓ tenere traccia dei candidati durante tutto il processo di selezione;
- ✓ costruire un processo globale, con dati omogenei di riferimento e valutazione.

Se l'azienda vi dice che metterà il vostro curriculum nel data base vuol dire che lo seppellisce insieme a qualche altro migliaio, quindi candidatevi di nuovo dopo qualche mese, non stancatevi di farlo. A volte le aziende non portano nemmeno a conclusione lo screening di tutti i curricula, ma si fermano quando trovano il candidato interessante.

Prima di iniziare una campagna di recruiting esterno pubblicizzate la posizioni vacanti per almeno qualche settimana all'interno dell'organizzazione. Anche se l'offerta di lavoro non sembra interessante o adatta per i vostri collaboratori, essi potrebbero conoscere qualcuno tra i loro amici o parenti che ha le giuste qualità e skills ed è interessato all'offerta di lavoro. Interpellate anche direttamente i vostri collaboratori che vi sembrano adatti e invitateli a candidarsi. Ciò non solo offre delle possibilità di sviluppo agli attuali collaboratori, ma riduce anche i costi. Preoccupatevi di avere un database aggiornato del training erogato ai collaboratori; ciò vi aiuterà a identificare le loro skills e anche le ulteriori esigenze di training. Tenete anche traccia di ogni tipo di valutazione effettuata. Controllate anche tutte le domande ricevute dalle precedenti *campagne di reclutamento per vedere se un candidato ha le caratteristiche che servono per ricoprire la posizione vacante.*

La gestione dei CV

Potreste pensare che le aziende siano in grado di tenere sotto controllo le migliaia di curricula che si accumulano negli archivi, ma vi assicuro che non è così, neanche per quelle aziende che danno l'impressione esterna di funzionare come un orologio svizzero. Perciò riproponete periodicamente il vostro curriculum e aumenterete le possibilità di essere chiamati. Il processo di selezione è basato molto su elementi soggettivi, che dipendono cioè dalla valutazione personale di chi è incaricato di portare avanti un certo progetto di ricerca e selezione. Spesso l'incaricato di un così importante progetto è uno stagista alle prime armi, che di solito è valutato come molto intelligente, e di conseguenza gli si perdonerà una certa quota di valutazioni sbagliate. In sintesi, il vostro CV può finire nel dimenticatoio per diverse ragioni:

✓ perché l'incaricato non è così intelligente come si pensava (non credete all'esistenza dell'intelligentometro – test di intelligenza – il più delle volte non si ottengono buoni risultati perché fanno girare l'elica al solo vederli)
✓ perché l'incaricato aveva troppa fretta e ha guardato male il vostro CV
✓ perché l'incaricato, dopo aver fatto lo screening di numerosissimi CV ne ha scelto alcuni per sfinimento e il vostro veniva dopo
✓ perché il vostro CV era scritto in modo che non piaceva all'incaricato molto intelligente
✓ per svariati altri motivi

Quindi il consiglio è di riproporre il CV fino allo sfinimento dell'incaricato intelligente, *magari variandolo dal punto di vista del layout.*

Usate e aggiornate i profili delle competenze

I profili di competenze descrivono i compiti, le responsabilità e le competenze richieste per un certo lavoro, e servono come base per definire i bisogni ci competenze sia per i collaboratori che per il business. Le competenze sono costituite dalle conoscenze, capacità, motivazioni che servono per svolgere il compito. Nel processo di reclutamento i profili di competenze possono essere usati come base per gli annunci, la selezione, per le interviste. Essi aiuteranno a identificare come un individuo incontra le richieste di un particolare lavoro. E' necessario assicurare che i profili delle competenze siano sempre aggiornati.

E' importante prepararsi a ricevere le domande di lavoro una volta che la campagna di reclutamento è iniziata. Le seguenti procedure vi aiuteranno a mantenere, ricevere e processare i dati dei candidati. Assicuratevi che i files siano pronti a ricevere le domande. Aggiornate il data base con i seguenti dati ogni volta che ricevete una nuova domanda:

- ✓ data di ricezione
- ✓ nominativo
- ✓ proveniente da chi
- ✓ canali tramite cui il candidato è venuto a conoscenza della posizione vacante

Periodicamente controllate che i candidati nel data base abbiano caratteristiche coerenti con il profilo delle competenze. Scartate quelli che non hanno queste caratteristiche né ora né per il futuro.

Inviate una lettera di spiegazioni e cancellate tutti i files dal data base. Se un curriculum non è adatto per il momento ma può essere adatto per il futuro, lasciatelo nel data base e inviate una lettera standard per informare il candidato che il suo curriculum è stato ricevuto, che al momento non ci sono posizioni adatte vacanti, ma che verrà conservato nel data base per il futuro. Se un curriculum è adatto intervistate il candidato, e se supera il colloquio, fate incontrare il candidato con la linea manageriale. Prendete sempre in considerazione la situazione del vostro target group nel mercato locale. Schedulate le varie attività da svolgere e il processo andrà avanti senza intoppi. Dopo aver deciso qual è il manager di linea interessato il time plan può assicurare che sia lui che lo Human Resources Manager gestiscano bene il processo. Lo schedulare un certo numero di giorni ravvicinati da dedicare alla selezione facilita la comparazione dei candidati. Parcellizzare troppo il processo rende difficile non solo comparare, ma anche solamente ricordare i candidati.

Quali media esterni usare

Decidi in anticipo quanto denaro puoi spendere prima di decidere quale medium esterno usare per la campagna di recruiting. Spesso le soluzioni più efficaci sono anche le meno costose. La campagna di recuiting dovrà essere coerente con la strategia di marketing, con il business plan e il budget. Ci sono diversi media per la campagna di recruiting. Alcuni possono essere più adatti di altri, alcuni possono essere visti come strumenti di employer branding con effetti a lungo termine, altri possono essere usati con efficacia per attività di breve periodo. In funzione dei vostri bisogni di recruiting potete scegliere quelli più adatti alla situazione.

Annunci interni e contatti diretti

Come detto in precedenza il rendere note le posizioni vacanti ai collaboratori li incoraggia a intraprendere nuove sfide e a prendersi la responsabilità del proprio sviluppo. Spesso è sufficiente parlare con i collaboratori sulle posizioni disponibili per scoprire che conoscono colleghi, amici, parenti che potrebbero avere le caratteristiche giuste. Più i vostri collaboratori sono motivati e più faranno un buon lavoro di pubbliche relazioni in favore dell'azienda.

Il sito web aziendale

Molte aziende hanno deciso di fare del proprio sito web il principale strumento di recruiting. *Il sito internet aziendale può raggiungere molti candidati velocemente e a basso costo.*

Altri motori di ricerca

Prima di usare un motore di ricerca assicuratevi della sua penetrazione rispetto ai vostri target groups. Cercate di capire se è un modo molto usato per cercare lavoro. Se è così è un valido strumento da usare. Se usate un sito di recruiting on line create un link con il vostro sito aziendale, allo scopo di aumentare la visibilità. Ciò vi aiuterà nel vostro employer branding, e le persone interessate avranno l'opportunità di visitare il vostro sito aziendale.

La selezione

Sebbene molte organizzazioni stiano usando sempre più nuovi metodi di selezione, è difficile trovare organizzazioni che non facciano uso dell'intervista. L'intervista resta centrale nelle decisioni di selezione. Per mezzo di essa voi potete cercare di capire come la persona che avete di fronte è realmente, se ha le attitudini che stiamo cercando, se potrà inserirsi bene nel gruppo, e alla fine dei conti se la persona ci piace o no.

Affidarsi all'intervista

Quando chiedete alle organizzazioni che valore attribuiscono all'intervista come metodo di selzione, la maggior parte rispondono che viene seconda solo allo scegliere i candidati nel mucchio con gli occhi bendati; ma non ostante ciò l'intervista è tra i metodi più popolari.

Il miglior direttore di negozio

Questa è la storia di un giovane e promettente addetto alle risorse umane a cui fu dato il compito di selezionare un direttore di negozio. Egli era così impressionato dall'incarico ricevuto che decise di fare tutte le interviste da solo; compito che era veramente troppo gravoso per una sola persona. Nonostante ciò egli selezionò il miglior candidato possibile, spedì un'offerta e fu contento di ricevere l'accettazione. Ma il primo giorno di lavoro il giovane e promettente addetto alle risorse umane si accorse che il giovane che si era presentato non era quello che aveva selezionato ! Essendo giovane e brillante, il giovane e promettente addetto alle risorse umane non disse nulla a nessuno, e le cose andarono avanti per un anno. Dopo un anno il direttore di negozio che aveva assunto per errore fu valutato come il miglior direttore di negozio di tutta l'azienda e di tutta la storia dell'azienda.

Cos'è un'intervista

L'intervista deve essere condotta con alcuni accorgimenti e scopi:

1. creare un clima rilassato per il candidato, dove può parlare

amichevolmente e dare il meglio di se stesso;

2. *raccogliere evidenze di quanto il candidato incontra i criteri della selezione;*

3. *dare una realistica rappresentazione del lavoro e dell'azienda da parte del selezionatore.*

L'intervista non ha lo scopo di scoprire come il candidato reagisce allo stress, o di decidere se il candidato piace a voi personalmente oppure no.

✓ il bisogno di scoprire se la persona saprà fare il lavoro o no;

✓ un ordine di domande e risposte con cui l'intervistatore e il candidato imparano a conoscersi;

✓ lo scoprire se il candidato può andare bene per l'organizzazione.

Il setting

Il miglior ambiente per un'intervista è una bella stnza dove puoi focalizzarti per conoscere il candidato. Dovreste avere a disposizione una sala d'attesa e una per l'intervista. Le milgiori condizioni sono quelle che rispecchiano i valori aziendali. Non ci dovrebbero essere distrazioni esterne o interruzioni. Dovreste aver pianificato il tempo sufficiente per fare un'intervista approfondita.

L'intervista classica

Il modello classico di intervista ha un inizio, un contenuto, una fine.

1. Benvenuto, introduzione, spiegazione delle modalità dell'intervista, spiegazione del lavoro e dell'azienda
2. Domande al candidato
3. Domande da parte del candidato
4. Informazioni sulle condizioni e termini del lavoro
5. Prossimo passaggio, chiusura, saluti

L'uso di un planning da l'impressione di grande professionalità.

Check list pre intervista

✓ Lista degli appuntamenti e successione delle interviste
✓ Prenotate la sala e mettete "non disturbare"

- ✓ *Date i nominativi alla reception*
- ✓ *Dovete avere a disposizione acqua e caffè*
- ✓ *Controllate i questionari da compilare e i CV*
- ✓ *Job description, person specification, annuncio, termini e condizioni, domande*

Suggerimenti pratici

Questi sono suggerimenti rivolti ai candidati che sono sati contattati per un colloquio di lavoro. Potremmo definirli "suggerimenti seri e semi seri"

La sicurezza

E' realmente un argomento al quale pensare quando si tratta della ricerca di un lavoro ? Probabilmente si. Generalmente le interviste avvengono, secondo la situazione, presso gli uffici dell'azienda o *delle società di ricerca e selezione. Tuttavia a volte le interviste avvengono anche in posti meno tradizionali, perciò prendete le dovute precauzioni per distinguere i contesti seri da quelli equivoci.*

Location

Qualora un datore di lavoro programmi un'intervista con voi assicuratevi che ciò avvenga in contesti appropriati. La hall di un albergo può andare bene (può essere usata per mantenere la riservatezza sull'incontro) ma una singola stanza d'hotel no. Anche i ristoranti possono essere accettabili, ma evitate il bar. Se un datore di lavoro vi chiede di intervistarvi in un parcheggio naturalmente diffidate.

Case private

Una casa privata è un luogo discutibile per un'intervista a meno che non ci lavorino altri dipendenti. A volte le piccole imprese lavorano in questo modo. In ogni caso il datore di lavoro può sempre organizzarsi per un'intervista in un luogo più adatto.

Identità del datore di lavoro

Se non siete del tutto sicuri dell'identità di un datore di lavoro o dell'intervistatore chiedete un biglietto da visita. Esaminatelo attentamente. Una persona può vantare rapporti con aziende molto note ma in realtà non lavorare per queste organizzazioni. La persona in questione potrebbe avere relazioni d'affari con queste organizzazioni. In ogni caso se avete dubbi trovate il modo di approfondire.

Se un datore di lavoro o un intervistatore vi incoraggia a bere chiedetevi perché. Vuole realmente mettervi a vostro agio ? Durante un'intervista di solito questo non si fa. E' perciò perfettamente appropriato rifiutare cortesemente. Se scegliete di accettare un drink, accettatene uno solo. E' più comprensibile accettare un drink durante un pranzo di lavoro o un evento.

Perché tutto questo è un problema ?

Un datore di lavoro o un intervistatore ha un ruolo di maggior potere di quello che avete voi come candidato. Un intervistatore non dovrebbe mai approfittare di ciò, fare avances sessuali, stabilire un tipo di relazione o attività non professionale. Vi è un rischio maggiore, e l'evidenza di scarsa professionalità da parte del datore di lavoro o intervistatore, quando vi incontra da soli e in posti non pubblici o comunque strettamente professionali, come stanze di alberghi o bar.

Richieste che vi mettono a disagio

Un datore di lavoro o un intervistatore non dovrebbe mai mettervi in simili situazioni, e voi non dovreste esitare a dire: "Non mi sento a mio agio in quella location". Se il datore di lavoro o intervistatore insiste o si mostra contrariato, pensate bene se realmente vale la pena di lavorare per questo tipo di azienda. E' perfetto dire: "Grazie ma non mi interessa questo tipo di proposta di intervista". Se vi trovate in una situazione difficile o confusa con un datore di lavoro o intervistatore, o siete convinti che il loro comportamento è sconveniente considerate anche di fare una denuncia agli organi di controllo sul mercato del lavoro.

Dato che ogni intervistatore è diverso ci sono molti tipi di intervista. Alcuni intervistatori sono abili e altri no. Alcuni sono loquaci, altri lasciano parlare soprattutto voi. Vi sono interviste a domande aperte, in cui l'intervistatore pone domande libere e lascia a voi la risposta. Vi sono interviste altamente strutturate, in cui l'intervistatore pone domande specifiche seguendo un format.. molti intervistatori si pongono fra questi due estremi. Voi dovreste essere pronti in entrambi i casi. Qui di seguito mostriamo quattro fasi che potrete trovare in una tipica intervista.

Fase introduttiva

L'intervistatore stabilirà un rapporto con voi e creerà un'atmosfera rilassante, anche se comunque in un contesto di business. Questo è un momento molto importante perché avrà una prima impressione di voi.

Riassunto del vostro background e interessi

Ciò di solito prende la forma di domande tipo "che cosa", "perché", "dove". Il focus è su come siete, che cosa vi piace, che cosa avete realizzato, il vostro background accademico e di lavoro, e gli obiettivi che avete raggiunto. Uno degli obiettivi dell'intervistatore è di verificare se le vostre qualifiche corrispondono ai vostri dichiarati interessi di lavoro. Date risposte concise ma esaurienti.

Le verifiche incominciano

Supponendo che avete le qualifiche necessarie, l'intervistatore incomincerà il processo di determinare se la posizione offerta incrocia i vostri interessi. Se sembra che vi è coerenza l'intervistatore probabilmente vi spiegherà i dettagli del lavoro per verificare quanto voi siete interessato alla posizione.

Durata dell'intervista

Le interviste variano da azienda a azienda. Alcune possono durare un'ora e altre possono comportare un itinerario di due giorni (inconsueto in Italia). Chiedete l'agenda in anticipo.

Format dell'intervista

Potreste trovarvi di fronte un intervistatore singolo, gruppi di intervistatori, gruppi di intervistati, vi potrebbe essere chiesto di sottoporvi a test (questo può avvenire solo con il vostro consenso, tuttavia ricordate che l'eventuale rifiuto entra nella valutazione, perciò ...).

Logistica

Mantenete dettagliate registrazioni delle location delle vostre interviste. Tenete traccia di noe e titolo delle persone che incontrate, copie dei CV inviati, date delle interviste e followup.

Preparatevi

Preparate copie aggiornate del vostro CV, tante quante sono le persone coinvolte nella vostra intervista e anche qualcuna in più. Non date per scontato che tutte le persone che incontrate abbiano già visionato il vostro CV, o se anche lo hanno fatto ne abbiano una copia o ricordini i contenuti.

Durante e dopo l'intervista

Fatevi dare i biglietti da visita da tutti coloro che avete incontrato nel processo di selezione. Se non riuscite a d avere i biglietti da visita siate sicuri di aver preso nota del nome e del titolo di ciascuno. Prendete nota delle informazioni rilevanti prima che escano dalla vostra mente. Se possibile mandare mail di ringraziamento a tutti coloro che avete incontrato. Attenzione però a non creare situazioni artificiose, fatelo solo se la situazione lo rende accettabile in modo naturale.

Follow-up dell'intervista e lettere di ringraziamento

Il processo di selezione non è finito quando l'intervista è finita. Follow-up fino a *quando vi rendete conto che tutto è finito. Entro circa due giorni (business days) scrivete una breve nota di ringraziamento all'intervistatore, a colui che ha guidato il processo di selezione, esprimendo apprezzamento, e ripetete chiaramente il vostro interesse per la posizione offerta.*

Lettera cartacea o email ?

Le lettere di ringraziamento possono essere cartacee o email. Le lettere cartacee sono più formali e sono adatte dopo un'intervista. Ma attenzione ! in questo campo gli usi e costumi evolvono rapidamente, quindi fate le vostre considerazioni ! probabilmente un imprenditore senior della old economy gradirà una bella leetera formale ! emaikl può essere invece il mezzo giusto se avete avuto contatti continui prima dell'intervista in questo modo.

Cosa fare se l'azienda non si fa più sentire

Il vostro intervistatore dovrebbe avervi informato sulle procedure e gli steps del processo di selezione e su come avreste ricevuto il followup, da chi, con che mezzo, e quando avreste risentito l'organizzazione. Se nulla vi è stato detto e voi non avete chiesto usate la lettera o email di ringraziamento per chiedere. Tuttavia, prendete nota, a questo punto avete già commesso un errore, non è possibile che non vi siete fatti dire nulla ! Se passa più di una settimana dalla dead line che dovrebbe esservi stata comunicata nell'ultima intervista, chiamate o fate una mail all'azienda per chiedere educatamente informazioni. Qualcosa deve avere interrotto il processo (è probabile che non si faccia più nulla !) una richiesta educata di informazioni mostra che voi siete ancora interessati alla posizione e in ogni caso indirizza l'azienda darvi una risposta. Nella vostra richiesta di informazioni menzionate il nome dell'intervistatore, la data e la location, la *posizione per cui vi siete candidati, e ogni altra informazione che vi sembra opportuna.*

Conclusioni

In questa fase l'intervistatore dovrebbe spiegarvi quali sono i prossimi passi nel processo di selezione. Assicuratevi di comprenderli bene. Fornite prontamente ogni informazione aggiuntiva che vi viene richiesta, dovrebbero esserci ampie possibilità per voi in questa fase di chiedere ciò che vi occorre sapere.

Intervista telefonica

Alcuni datori di lavoro usano l'intervista telefonica per la preselezione dei candidati prima di offrire l'intervista di persona. Alcuni datori di lavoro fanno interviste telefoniche preavvertendovi in anticipo, ma altri lo fanno informalmente senza avvertirvi. Se venite sorpresi da una di queste telefonate e non siete liberi di parlare non esitate a spiegare educatamente ciò e offrire di essere richiamati in un momento più adatto. L'aspetto importante è che si è comunque valutati anche in base al comportamento al telefono, perciò ...

Comunicazione percepita al telefono

Ricordate che il tono di voce ha un grande peso in una conversazione telefonica. Non sono visibili le espressioni facciali, il linguaggio del corpo, e altri elementi non verbali. Tuttavia, per quanto strano possa sembrare, il sorridere mentre parlate al telefono può rendere la vostra voce più piacevole. Chiedete a degli amici (che vi diranno la verità) come vi sembra la vostra conversazione al telefono. Loro vi conoscono, ma un intervistatore no. Sembrate cordiali o scontrosi ? Sofisticati o maldestri ? Interessati o indifferenti ? Fate pratica di colloqui telefonici.

In un'intervista il vostro abbigliamento gioca un ruolo di supporto. Il vostro comportamento, le vostre capacità relazionali, la vostra abilità di articolare risposte chiare e intelligenti alle domande sono gli elementi più importanti. Un abbigliamento appropriato supporta la vostra immagine di persona che affronta seriamente il processo di selezione e che comprende la natura dell'azienda per cui si sta candidando. Dovete essere consapevoli che in alcune aziende il contatto con il cliente e l'immagine presentata in questi contatti sono critiche. In queste aziende il vostro modo di vestire sarà giudicato più criticamente. Il vostro abbigliamento potrebbe essere, dal vostro punto di vista, appropriato e di buon gusto, ma non essere coerente con la cultura aziendale. Se vi vengono fatte domande sul vostro abbigliamento è perché probabilmente avete commesso un errore di giudizio.

Vestire bene è una sorta di complimento alla persona che incontrate, perciò nel dubbio vestitevi ancora meglio di quanto vi sembra di avere bisogno. Anche nel caso in cui siete a conoscenza che nell'organizzazione ci si veste casual vestitevi in modo formale per l'intervista a meno che non vi venga suggerito il contrario. Non confondete mai un'intervista con un evento sociale, non vestitevi come per un party ! non tutti i colloqui richiedono un abbigliamento formale. In alcune situazioni il casual può essere indicato. I cambi nella moda possono cambiare alcune cose, come la larghezza del bavero, il taglio dei pantaloni, o il colore delle camicie che trovate nei negozi. L'abbigliamento professionale di base non cambia secondo i capricci della moda. Un buon vestito può essere di moda per almeno 5 anni e continuare a farvi fare bella figura. In generale, se amate seguire la moda, fatelo con sobrietà.

Abbigliamento business casual per uomini e donne

Se avete la certezza che l'azienda è informale potete vestire casual, o meglio business casual. Business casual è fresco, pulito, e può essere adatto anche per un incontro con l'amministratore delegato. Non dovrebbe sembrare un abbigliamento per una festa o un picnic. Evitate indumenti stretti o larghi all'eccesso. Business casual è classico piuttosto che alla moda. Investite in qualità e usate il buon senso.

Domande tipiche

Naturalmente non è detto che ogni intervistatore vi porrà queste precise domande. Tuttavia, se siete preparati a rispondere a queste domande, darete l'impressione di essere preparati per l'intervista, anche se altre domande vi coglieranno di sorpresa.

- ✓ Quali sono i tuoi obiettivi di lungo periodo ?
- ✓ Quali sono i tuoi obiettivi di breve periodo ?
- ✓ Come hai pianificato di raggiungere i tuoi obiettivi di carriera ?
- ✓ Quali sono le ricompense che ti aspetti nella tua carriera ?
- ✓ Perché hai scelto la carriera per cui ti stai preparando ?
- ✓ Quali sono i tuoi punti forti e punti deboli, e i tuoi interessi ?
- ✓ Come pensi che una persona che ti conosce molto bene ti descriverebbe ?
- ✓ Descrivi una situazione in cui hai dovuto lavorare con una persona difficile. Come hai gestito la situazione ? c'è qualche cosa che avresti fatto diversamente con il senno di poi ?
- ✓ Che cosa ti motiva a fare grandi sforzi ? descrivi una situazione in cui hai fatto ciò.
- ✓ Come valuti il successo ?

- ✓ In che modo pensi di poter dare un contributo alla nostra organizzazione ?
- ✓ Descrivi un contributo ad un progetto a cui hai lavorato.
- ✓ Quali qualità deve possedere un manager di successo ?
- ✓ C'è stata un'occasione in cui ti sei trovato in disaccordo con i tuoi capi ? descrivi come hai gestito la situazione.
- ✓ Quali sono i due o tre risultati che ti hanno dato maggiore soddisfazione ? perché ?
- ✓ Quale interesse trovi nei nostri prodotti o servizi ?
- ✓ Come hai scelto l'università ? che cosa ti ha guidato ?
- ✓ In che genere di ambiente di lavoro ti trovi a tuo agio ?
- ✓ Come ti trovi a lavorare sotto pressione ?
- ✓ Descrivi una situazione in cui hai lavorato in gruppo. Che ruolo avevi ? che cosa ha funzionato e cosa no ?

- ✓ Descrivi il tuo lavoro ideale.
- ✓ Perché hai deciso di candidarti per la nostra organizzazione ?
- ✓ Quali sono le due o tre cose importanti nel lavoro ?
- ✓ Con che criteri valuti un'organizzazione per cui desidereresti lavorare ?
- ✓ Sei disposto a trasferirti ? un eventuale trasferimento ti mette in difficoltà ?
- ✓ Desideri viaggiare ?

Che cosa cerca l'intervistatore

- ✓ Intervistatore: mi parli di Lei.
- ✓ Tu: ricorda, questa è un'intervista di lavoro, non un'intervista psicologica o personale. L'intervistatore è interessato alle informazioni correlate alle tue qualifiche per la posizione, come gli studi e l'esperienza di lavoro.
- ✓ Intervistatore: che cosa si aspetta di fare tra cinque anni ? e tra dieci anni ?

✓ *Tu: l'intervistatore sta cercando di capire i principali obiettivi di carriera e le ambizioni.*

✓ *Intervistatore: perché dovrei assumerla ?*

✓ *Tu: metti l'accento su quello che puoi offrire all'azienda, non su come sarebbe bello lavorare per loro.*

✓ *Intervistatore: quali sono le sue idee sullo stipendio ?*

✓ *Tu: fai il possibile per fare delle ricerche sugli stipendi del settore, prima dell'intervista, in modo da non fare richieste disallineate, e tieni in considerazione il tuo stipendio attuale.*

✓ *Intervistatore: perché vuole lavorare per la nostra organizzazione ?*

✓ *Tu: non avere una risposta è un buon modo per essere cancellati dalla lista dei candidati. Fai una ricerca sull'azienda prima dell'intervista, cerca di scoprire i prodotti, i clienti, la filosofia, la cultura,* gli obiettivi, in modo da capire dove si concentra il tuo interesse.

Intervista comportamentale

La maggior parte delle interviste includono domande comportamentali, perciò siate preparati. L'intervista comportamentale è una tecnica con cui le domande aiutano l'intervistatore a fare previsioni sul potenziale successo di un candidato basandosi sul comportamento agito in passato, invece che su risposte a domande ipotetiche. Nell'intervista comportamentale vi viene chiesto di fornire specifici esempi riferiti a situazioni in cui avete dimostrato particolari comportamenti o capacità. L'intervistatore non cerca risposte generiche. Dovete descrivere in dettaglio un particolare evento, progetto, esperienza, come avete affrontato la situazione, e quale è stato il risultato.

Esempi di domande di intervista comportamentale

Descriva un caso in cui ha dovuto affrontare problemi o periodi di stress che hanno messo alla prova la sua capacità di coping. Come si è comportato ?

Faccia un esempio di una situazione in cui ha dovuto prendere velocemente un'importante decisione.

Mi faccia un esempio di una situazione in cui ha dovuto stabilite un importante obiettivo e mi spieghi cosa ha fatto per raggiungere questo obiettivo.

Mi descriva il progetto di lavoro più creativo di cui si è occupato.

Mi faccia un esempio di un problema che ha dovuto affrontare e mi spieghi come lo ha risolto.

Mi racconti di una situazione, possibilmente abbastanza recente, in cui *ha dovuto affrontare un collaboratore o un cliente piuttosto arrabbiato.*

Mi faccia un esempio di una situazione in cui ha dovuto far uso della sua leadership.

Come dare buone risposte a questo tipo di domande

La tecnica STAR è un buon approccio. Situation: descrivi la situazione in cui ti sei trovato. Task: descrivi il compito che ti sei trovato a dover svolgere. Action: descrivi le azioni che hai compiuto. Results: descrivi i risultati che hai ottenuto.

Devi essere dettagliato e specifico, non generico o vago.

Non devi descrivere come avresti agito. Devi descrivere come hai concretamente agito. Se con il senno di poi avresti agito diversamente spiega perché. L'intervistatore vuole capire se hai la capacità di apprendere dall'esperienza.

Cose da fare sempre

Vestiti in modo appropriato per l'azienda. Attenzione ad essere troppo conservatori per mostrare che prendete seriamente l'intervista, correte il rischio di sembrare artificiosi. La tua cura personale deve essere impeccabile.

Dovete sapere esattamente ora e location della vostra intervista. Dovete sapere quanto tempo impiegherete per arrivarci, parcheggiare, etc. E' vietato arrivare in ritardo.

Trattate le persone che incontrate con cortesia e rispetto. La loro opinione potrebbe essere sentita nel decidere l'assunzione.

Offrite una ferma stretta di mano, mantenete il contatto degli occhi, cercate di avere un'espressione amichevole quando l'intervistatore vi saluta.

Ascoltate attentamente il nome dell'intervistatore per essere sicuri di ricordarlo.

Anche se il vostro intervistatore vi dice il nome e cognome rivolgetevi a lui con il titolo, fino a che siete invitati a fare diversamente.

Mantenete un buon contatto oculare durante l'intervista.

Sedete pazientemente al vostro posto. Evitate di agitarvi e dinoccolarvi, o rilassarvi eccessivamente.

Rispondete alle domande e dimostrate le vostre affermazioni ogni volta che è possibile.

Chiedete chiarimenti se non comprendete a fondo una domanda.

Siate precisi nelle vostre risposte e concisi nel parlare.

Siate voi stessi e soprattutto siate onesti. La falsità viene facilmente smascherata ed *provoca facilmente il rigetto della candidatura. Ricercate un buon feeling tra voi e l'intervistatore. Se sarete assunti pur non essendo stati voi stessi il rapporto è destinato a fallire.*

Gestite l'intervista molto seriamente, e dimostrate che la posizione offerta vi interessa molto.

Esibite un atteggiamento positivo. L'intervistatore vi sta valutando come un potenziale collaboratore. Comportatevi come se doveste lavorare insieme.

Preparate domande intelligenti da fare all'intervistatore. Se avete fatto ricerche sul datore di lavoro chiedete le cose che non siete riusciti a chiarire.

Valutate l'intervistatore e l'organizzazione che rappresenta. L'intervista è una strada a due sensi. Comportatevi con cordialità e rispetto se pensate che siete stati trattati in modo inadeguato, o se non condividete i valori e le priorità dell'organizzazione.

Aspettatevi di essere trattati in modo appropriato. Se credete che venite trattati in modo inappropriato, o vi vengono fatte domande che giudicate inopportune, o che vi mettono a disagio fatelo presente con rispetto ma fermamente. Questo è il caso in cui non ci sono le premesse per proseguire.

Siate certi di aver capito gli steps del processo di selezione. Dovete cercare di sapere quando e da chi sarete sentiti la prossima volta, e che cosa ci si aspetta da voi.

Quando l'intervistatore conclude l'intervista offrite una ferma stretta di mano e un trasparente contatto degli occhi. Salutate ringraziando.

Dopo l'intervista prendete appunti in modo da non dimenticare passaggi importanti.

Se le circostanze sono favorevoli scrivete una lettera o mail di ringraziamento all'intervistatore. Però non create situazioni artificiose.

Da non fare mai

Non cercate scuse. Prendetevi la responsabilità delle vostre decisioni e delle vostre azioni.

Non fate commenti negativi su precedenti datori di lavoro.

Non mettete dati falsi sul CV. Non dite il falso rispondendo a domande.

Non trattate l'intervistatore con leggerezza, come se foste lì per caso. Questo è un insulto all'intervistatore e all'organizzazione.

Non date l'impressione di essere interessati a un'organizzazione solo per la collocazione geografica.

Non date l'impressione di essere interessati solo allo stipendio. Non chiedete nulla dello stipendio o benefit *prima che il discorso sia introdotto dall'intervistatore.*

Per riuscire a vendervi come candidato dovete convincere il datore di lavoro che siete la persona giusta per i suoi bisogni. Perfino quando il mercato del lavoro è favorevole i datori di lavoro non assumono un candidato che non incontra perfettamente i suoi bisogni. Non sarete in grado di presentarvi, nelle lettere di accompagnamento CV o nelle interviste, come un candidato che incontra i bisogni del datore di lavoro se non lo conoscete abbastanza bene, o il meglio possibile. Se state cercando una posizione di lavoro raccogliete informazioni per decidere quali datori di lavoro contattare. Piuttosto che spedire centinaia di CV a datori di lavoro di cui conoscete poco o nulla mandate pochi CV a datori di lavoro di cui conoscete qualcosa. Lettere mirate, individualizzate sul destinatario, sono più efficaci di lettere standard. Nell'intervista i datori di lavoro si aspettano che conosciate il background dell'organizzazione. Se non sapete nulla sembra che non avete un grande interesse per l'organizzazione. Dovete essere in grado di rispondere alla domanda critica sul perché desiderate lavorare per quell'organizzazione. Altrimenti sembra che avete soltanto il bisogno di un lavoro. Fare delle ricerche vi aiuterà a formulare domande intelligenti e a dare risposte altrettanto intelligenti.

Parlate con la gente

Trovate persone che lavorano per l'organizzazione o che comunque la conoscono. Questi possono essere ex colleghi, parenti, vicini di casa, amici e parenti di amici, ex compagni di università.

Siti web delle aziende

Questo è un gioco da ragazzi ! ricercate le cose importanti, informazioni sulla mission, cultura e valori. Se l'azienda richiede la compilazione di un form on line fatelo.

Ricerche internet

Attenzione alle fonti di informazioni, verificatene la credibilità.

Chiamate l'organizzazione o scrivete solo dopo aver cercato altrove

Ciò è perfettamente appropriato e potete farlo se non è possibile trovare le informazioni sul sito web, o le informazioni non sono chiare. Se avete già un appuntamento per un'intervista dovreste aver già reperito le informazioni che vi servono. Se non è così trovate il modo di farlo, con ogni mezzo. State attenti, se mandate una mail con una domanda la cui risposta si può trovare facilmente on line verrete percepiti come una persona pigra o scarsamente intelligente. Come potenziale dipendente dovete essere percepito come una persona che lavora, non che crea lavoro agli altri, come avviene se fate domande stupide.

Domande da fare

Un'intervista è una strada a due corsie. Fate domande. L'intervistatore dovrebbe lasciarvi spazio per le domande verso la fine dell'intervista.

Suggerimenti

Preparate sempre le domande da fare. Se non avete domande da fare passate il messaggio che non avete un adeguato processo del pensiero. Alcune delle vostre domande potrebbero trovare risposta nel corso dell'intervista, prima ancora che vi sia offerta l'opportunità di chiedere. Se fosse così potete semplicemente dire che siete particolarmente interessati a ... , ma che la vostra domanda ha già trovato risposta nel corso dell'intervista. Se è il caso potete chiedere ulteriori chiarimenti. Non fate domande che già trovano risposta sul sito web dell'azienda o in qualunque documento (leaflet, brochure) che vi è stato fornito in precedenza. Ciò non farebbe altro che dimostrare che non siete preparato per l'intervista, e che state facendo perdere del tempo all'intervistatore.

Non chiedete mai dello stipendio e benefit se non siete indirizzati a farlo dall'intervistatore.

Esempi di domande

Se siete in difficoltà a sviluppare delle domande considerate i seguenti esempi. Tuttavia non fate domande se non siete realmente interessati alla risposta. Usate la regola d'oro di evitare le forzature.

Quali sono i punti di forza e di debolezza dell'impresa rispetto alla concorrenza ?

Quali sono i piani dell'organizzazione per i prossimi cinque anni, e come vi contribuisce questa posizione che state cercando ?

Mi può spiegare la struttura organizzativa ?

Come saranno misurate le mie performances e da chi ?

Mi può descrivere lo stile di leadership e di management richiesto dall'azienda ?

Quali sono le capacità e abilità più importanti per coprire la posizione che state cercando ?

Quali sono le polizie aziendali in materia di formazione, finalizzata a completare o acquisire le competenze necessarie ?

Mi può descrivere le strutture hardware e software dell'azienda ?

Che tipo di lavoro mi devo aspettare di svolgere il primo anno ?

Come vengono gestiti i piani di carriera ?

Quante opportunità di prendere decisioni avrò nel mio primo incarico ?

Domande sulla retribuzione

Non dovete essere colti di sorpresa ! Può capitare che un intervistatore vi faccia domande sulle vostre aspettative di stipendio. Questo è normale per persone di esperienza e con una storia professionale alle spalle. E' perfettamente accettabile dire che lo stipendio è negoziabile, in ogni caso potete suggerire un range. Fate le vostre indagini retributive prima del colloquio e dite al selezionatore la fonte di informazioni che avete usato. Questo supporterà le vostre richieste con dati oggettivi, e non solamente con sentito dire. Se fate richieste molto superiori alla media spiegatele.

Il linguaggio del corpo

Questa parte è una libera traduzione di un best seller di cultura anglosassone molto divertente, anzi a volte fa proprio "morire" dal ridere. Il guaio è che alcune persone, specialmente psicologi, ci credono sul serio. Comunque qualcosa di veritiero vi si può riscontrare, ms se ci pensate bene queste cose che vi appaiono veritiere sono anche le più banali; ci sareste arrivati anche solo chiedendo un consiglio alla vostra buona nonnina. Ciò che voglio dire è che gli aspetti psicologici sono importanti, ma passano assolutamente in secondo piano rispetto agli effetti della cultura organizzativa sui singoli individui, e ciò in quanto il comportamento degli individui è influenzato dalle aspettative dell'organizzazione.

L'intervista di Adam

Adam lasciò l'intervistatore sospettando che fosse andata male. Aveva detto qualcosa di sbagliato ? O era forse per il suo vestito color cioccolata? Era per il pizzetto ? Il tatuaggio ? L'orecchino ? Era per la sua borsa strapiena di roba che traboccava da tutte le parti ? O *semplicemente si era seduto sulla sedia sbagliata ?*

La prima impressione è quella che conta

Numerosi studi hanno dimostrato che esiste una forte correlazione tra il feeling che nasce o meno tra l'intervistato e l'intervistatore, e l'essere assunto. (C'è scritto proprio così; io l'ho tradotto un po' liberamente ma sul libro c'è questa fantastica scoperta; non c'era bisogno di fare molti studi, bastava chiedere in giro ... parlare con qualcuno nel mercato sotto casa per capire che il fruttivendolo non ti fa lo sconto se gli sei antipatico). Alla fine la maggior parte delle informazioni scritte nel tuo fantastico curriculum vengono dimenticate, a favore delle informazioni che derivano dalla prima impressione. La prima impressione è "l'amore a prima vista" del mondo del business. Inoltre le ricerche dimostrano (ti pareva !) che i primi 15 secondi di un'intervista sono fondamentali, dato che non avrai una seconda chance di fare la prima impressione. (non mi assumo responsabilità, mi limito a tradurre ... ma le ricerche ! hanno dimostrato che i primi 15 secondi ... Tu non lo sai ma gli intervistatori vengono ingaggiati solo se hanno i riflessi pronti !). In generale le persone si formano più del 90% della loro opinione su di te nei primi 4 minuti, e il 60-80% dell'impatto è non verbale (le percentuali salgono vertiginosamente se intervisti una bella ragazza in bikini, magari quel giorno fa caldo ... nei primi 15 secondi addirittura sentirai pulsare fortemente entrambe le tempie !).

Continuiamo: Il tuo approccio, la tua stretta di mano, e tutto il linguaggio del tuo corpo deciderà in larga parte l'esito della tua intervista. Ricorda ! Se vuoi essere il primo fra i candidati di "mettere al primo posto la prima impressione". (Me lo diceva anche mia nonna ... assieme alle raccomandazioni di mettere la maglietta di lana).

Pochi gesti e arriva il successo

Pochi gesti e l'intervista sarà un successo. Gli individui di stato sociale elevato usano una minore gestualità di quelli di basso stato sociale(Devo cominciare subito: ma che gente frequentano gli autori ? Il Principe Emanuele Filiberto di Savoia è andato persino a San Remo a cantare con Pupo; inoltre l'ho sentito dichiarare in un'intervista televisiva che Lui non ha mai usato il bidet, e questo è normale per chi non ha abitudini Italiane, ma io mi immagino la gestualità del Principe nel pulirsi il fondo schiena); le persone di potere non hanno bisogno di gesticolare molto, sono fresche, calme, riservate, hanno il controllo delle loro emozioni, e usano movimenti compassati. Perciò se vuoi fare una buona impressione usa con parsimonia i movimenti del corpo (Ecco come rovinare i nostri giovani, dicendogli queste cose, ma sono sicuro che la maggior parte di loro troverà questi suggerimenti esilaranti, e non li prenderanno sul serio. Ma tieni presente che gli autori sono psicologi australiani, hanno studiato molto, e si basano su ricerche rigorose ...). Senti questa: James Bond è così calmo che può persino fare l'amore dopo aver ammazzato 10 nemici ... e garantiamo che non ha mai fallito in un'intervista di lavoro (Allora andiamo avanti e divertiamoci). L'agente speciale James Bond usa questi principi con grande efficacia; quando viene intimidito dai cattivi, insultato, o addirittura gli sparano, lui resta relativamente calmo e profferisce poche e colorite parole. Un attore come Jim Carrey è l'opposto; lui spesso interpreta ruoli molto animati, che enfatizzano l'assenza di potere. Se tu devi intervistare James Bond o Jim Carrey per una posizione dirigenziale a chi dei due daresti il lavoro ?

Quando vai a un appuntamento per un'intervista abbi cura di tenere la borsa o il laptop da una parte, preferibilmente la sinistra, in modo da avere la mano destra libera per una calorosa stretta di mano. Se sei una donna non portare mai la borsetta e il laptop insieme, perchè saresti percepita come disorganizzata e non molto professionale (ma perché ... ma quando mai ...). E non usare mai la borsetta come barriera tra te e l'altra persona. Ciò mostra ansia e insicurezza, dato che sembra che vuoi proteggere il tuo corpo e tradisci nervosismo. Mostra la tua fiducia con un aperto linguaggio del corpo.

Regola numero 2

Rispetta lo spazio personale dell'altra persona, che sarà più ampio nei minuti iniziali dell' intervista. Se ti avvicini troppo l'intervistatore potrebbe rispondere piegandosi all'indietro sulla sedia, allontanandosi, o usando gesti ripetitivi come il far schioccare le dita.

Non fare mai

1. Non presentarti in un'intervista con il pizzetto, specialmente se sei una donna (ma allora questo è un libro scritto per far ridere ! Quest'ultima aggiunta l'avrei fatta volentieri io !). Anche se è di moda il pizzetto non va a genio alle persone più anziane a causa della sua associazione, a livello inconscio, con le caricature di Satana. (E' una traduzione ... non mi assumo la responsabilità di aver tirato in ballo Satana, il Re degli Inferi).

2. Non presentarti con una borsa strapiena: Sembreresti disorganizzato.

3. *Non sederti mai su un divano troppo basso: Ti farebbe sembrare sproporzionato, gambe gigantesche su una testa piccola; se necessario siediti dritto sul bordo in modo da poter controllare il tuo linguaggio del corpo.*

4. *Evita di parlare troppo a lungo: Le persone di stato sociale elevato comunicano efficacemente con frasi brevi e chiare, perciò non essere logorroico ! (Buona questa delle persone di stato sociale elevato ... !)*

Fare sempre

1. *Vai verso l'intervistatore con fiducia: La tua entrata la dice lunga su come vuoi essere trattato.*

2. *Non sostare all'ingresso come un bambino piagnucolante che aspetta il permesso del papà. Anche se il tuo intervistatore è al telefono tu entra, vai verso di lui, deposita la tua borsa e il*

tuo laptop, stringigli la mano, siediti e aspetta. Deposita anche l' i-pad, facendo attenzione a che l'intervistatore veda chiaramente che ne possiedi uno di ultima generazione.

3. Chiama l'intervistatore per nome (in America, ma in Italia meglio per Cognome preceduto da un bel Dott.) almeno due volte nei primi 15 secondi, questo serve per far sentire importante il vostro intervistatore e per ricordare il nome.

4. Mettiti seduto di traverso rispetto all'intervistatore di circa 45 gradi (sembra la scena del film di Benigni quando spiega allo zio di quanto si deve inchinare un cameriere provetto) questo dovrebbe toglierti un po' la pressione dell'intervista (mah ...)

5. Usa parole potenti, specialmente in un'intervista telefonica. Le ricerche dimostrano che le parole più potenti sono "scoperta", "garantire", "amore"

(ma state attenti a non pronunciare questa parola a sproposito !), "salute", "denaro", "facile", "tu". (in America fanno ricerche su tutto, ma chissà se i risultati sono sempre affidabili)

Pianifica la tua uscita

Raduna le tue cose con calma, senza frenesia, stringi la mano e vai. Se la porta era chiusa quando sei entrato chiudila quando esci. Se sei una donna ricorda sempre di sorridere all'intervistatore. L'ultima cosa che l'intervistatore deve ricordare è il tuo viso, non il tuo "rear end" (questo è ciò che c'è scritto nel testo inglese, in Italiano possiamo dire "lato B" ?).

Nelle interviste, o sul lavoro, le donne dovrebbero usare rossetti tenui e non vistosi. Le ricerche dimostrano (Negli States le ricerche dimostrano tutto, ma anche il contrario di tutto ...) che le donne che non usano il rossetto sono viste come più serie sul lavoro rispetto agli uomini, ma un po' carenti come capacità professionali. Quelle che usano rossetti tenui sono viste come fortemente orientate alla carriera (io sono convinto che, se ci metto un po' di testa, posso organizzare una ricerca dove faccio uscire un risultato contrario o quasi ...). Le donne dovrebbero usare rossetti vivaci o appariscenti solo se si stanno candidando per posizioni di promozione dell'immagine femminile, come la moda e la cosmesi.

Gli uomini non dovrebbero mai indossare abiti color cioccolato se l'intervistatrice è una donna, perché storicamente il marrone è stato il colore degli animali da pelliccia, e ultimamente questo colore ha contraddistinto le persone di basso status. (ma fatemi il piacere ... direbbe il Principe De Curtis ...). Le donne osservano la lunghezza dei capelli dei candidati maschi, la linea del vestito e la coordinazione dei colori, la piega dei pantaloni e la pulizia delle scarpe. La maggior parte degli uomini non sanno che le donne osservano la condizione della parte posteriore delle scarpe quando escono. Perciò se sei un maschio pulisci le scarpe davanti e dietro, e non solo la punta (questo non fa aumentare la mia considerazione per gli psicologi, ...).

1) Il tavolo rettangolare, quello da lavoro per intenderci, può essere usato per brevi colloqui. Esso consente a ciascuno di prendere posizione su una questione e incoraggia il contatto visivo.

2) Il tavolo rotondo, quella specie di tavolo da caffè con intorno delle sedie, è usato per creare un'atmosfera rilassata e per convincere. Ré Artù lo usava per mettersi sullo stesso piano dei suoi cavalieri.

3) il tavolo quadrato, crea cooperazione fra le persone che siedono accanto ma contrapposizione con le persone che stanno dall'altra parte, e quando a un tavolo quadrato sono sedute quattro persone hai sempre qualcuno dall'altra parte. I tavoli quadrati vanno bene nelle mense !

(Può anche essere vero, ne abbiamo sentito parlare più volte, ma con un po' di buon senso non si fatica a capire che la relazione fra dove sono seduto e il mio rapporto con gli altri allo stesso tavolo è un po' debole) E non lo è neppure tanto dove ti siedi, ma su che cosa sei seduto. Sei mai stato a un incontro di lavoro in cui ti sei sentito a disagio sedendoti sulla sedia riservata agli ospiti ? Sembra quasi che la persona che ti ha invitato abbia voluto mettere in evidenza il suo status e abbassare il tuo.

Ecco a cosa dovete fare attenzione

1) Dimensione e accessori (della cosa su cui sei seduto). l'altezza dello schienale della sedia fa aumentare o diminuire il tuo status. Più è alto è e più la persona è percepita come di status elevato. Quanto potere dimostrerebbero la Regina o il Papa se sedessero su uno sgabellino ? Una sedia girevole mostra molto più potere di una sedia fissa. dato che permette libertà di movimento quando sei sotto pressione.

2) Altezza: Guadagnerai in status quanto più la tua sedia è alta di quella delle altre persone. (per questo i genitori di oggi non riescono a educare i loro bambini ... perché li fanno sedere sul seggiolone ...)

3) Location: un modo molto comune di aumentare il proprio status rispetto a quello di un visitatore è quello di farlo sedere il più lontano possibile dalla propria scrivania (sfido a trovare in Italia situazioni di questo tipo ... anzi una c'è ... è quella di Fantozzi davanti al mega direttore galattico)

Regola n. 3

La posizione seduta direttamente fronteggiando l'interlocutore predispone *alla discussione contrastata; se vuoi piacere all'interlocutore scegli una posizione diversa (tra un po' forse gli autori ci spiegheranno quale ...) Alcuni studi dimostrano che gli studenti performano meglio quando siedono alla sinistra dell'insegnante, e questo perché gli insegnanti mettono più attenzione su questa parte della classe(questo avviene, forse, in tutti i casi in cui gli insegnanti non sono mancini o ambidestri ... ; mi spiace ma il comune buon senso ci dice che questa è un'affermazione ridicola, per non dire altro !)*

Il linguaggio del corpo per lei

Se sei una donna evita di accavallare le gambe se sei di fronte a un businessman, a meno che non indossi una gonna lunga e abbondantemente sotto le ginocchia. Ancora al giorno d'oggi questi segni della femminilità possono distrarre gli uomini dal "core" della discussione (gli autori hanno ragione nel dire che queste cose distraggono gli uomini, io aggiungo che distraggono gli uomini di oggi come quelli di ieri). C'è una regola molto semplice da seguire: accavallare le gambe è un gesto che va bene in diversi contesti sociali, ma non negli affari.

Il linguaggio del corpo per lui

Se sei un uomo e negli affari hai a che fare con donne tieni le ginocchia unite. I maschi dei primati allargano le gambe per mostrare di essere dominanti, e un gesto di questo genere fatto da un uomo pone la donna sulla difensiva, e la fa diventare aggressiva senza sapere il perché. Siediti di sghimbescio se vuoi costruire una relazione. Sedersi a 45 gradi (rispetto al vostro interlocutore) contribuisce a rendere il colloquio informale e rilassato. E' una posizione fantastica per affrontare il vostro annuale colloquio di sviluppo. Da questa posizione potete mostrare un accordo non verbale con un vostro subordinato osservando i suoi movimenti e i suoi gesti. E' una posizione eccellente dalla quale fare domande delicate e imbarazzanti,e incoraggia l'altra persona a rispondere senza che questa si senta sotto pressione.

Sommario